Dedication
To all those who ever struggled with learning a foreign language and to Wolfgang Karfunkel

Also by Yatir Nitzany

Conversational Spanish Quick and Easy

Conversational French Quick and Easy

Conversational Italian Quick and Easy

Conversational Portuguese Quick and Easy

Conversational German Quick and Easy

Conversational Dutch Quick and Easy

Conversational Norwegian Quick and Easy

Conversational Danish Quick and Easy

Conversational Russian Quick and Easy

Conversational Ukrainian Quick and Easy

Conversational Bulgarian Quick and Easy

Conversational Polish Quick and Easy

Conversational Hebrew Quick and Easy

Conversational Yiddish Quick and Easy

Conversational Armenian Quick and Easy

Conversational Arabic Quick and Easy

Conversational Portuguese Quick and Easy
The Most Innovative Technique to Learn the Portuguese Language

Part II

YATIR NITZANY

Translated by:
Gloria Carvalho-Lawerence

Interior Design:
Menachem Otto

Copyright © 2019
Yatir Nitzany
All rights reserved.
ISBN-13: 9781951244545
Printed in the United States of America

Foreword

About Myself

For many years I struggled to learn Spanish, and I still knew no more than about twenty words. Consequently, I was extremely frustrated. One day I stumbled upon this method as I was playing around with word combinations. Suddenly, I came to the realization that every language has a certain core group of words that are most commonly used and, simply by learning them, one could gain the ability to engage in quick and easy conversational Spanish.

I discovered which words those were, and I narrowed them down to three hundred and fifty that, once memorized, one could connect and create one's own sentences. The variations were and are *infinite*! By using this incredibly simple technique, I could converse at a proficient level and speak Spanish. Within a week, I astonished my Spanish-speaking friends with my newfound ability. The next semester I registered at my university for a Spanish language course, and I applied the same principles I had learned in that class (grammar, additional vocabulary, future and past tense, etc.) to those three hundred and fifty words I already had memorized, and immediately I felt as if I had grown wings and learned how to fly.

At the end of the semester, we took a class trip to San José, Costa Rica. I was like a fish in water, while the rest of my classmates were floundering and still struggling to converse. Throughout the following months, I again applied the same principle to other languages—French, Portuguese, Italian, and Arabic, all of which I now speak proficiently, thanks to this very simple technique.

This method is by far the fastest way to master quick and easy conversational language skills. There is no other technique that compares to my concept. It is effective, it worked for me, and it will work for you. Be consistent with my program, and you too will succeed the way I and many, many others have.

Table of Contents

Introduction to the Program 9

Introduction to the Portuguese Language 11

Memorization Made Easy 13

The Program
- Travel 15
- Transportation 19
- City 21
- Entertainment 25
- Foods 29
- Vegetables 33
- Fruits 35
- Shopping 37
- Family 41
- Human Body 43
- Health 45
- Emergencies and Natural Disasters 49
- Home 53

Basic Grammatical Requirements of the Portuguese Language 57

Portuguese Pronunciation 61

Conclusion 63

Note from the Author 64

Introduction to the Program

In the first book, you were taught the 350 most useful words in the Portuguese language, which, once memorized, could be combined in order for you to create your own sentences. Now, with the knowledge you have gained, you can use those words in Conversational Portuguese Quick and Easy Part 2 and Part 3, in order to supplement the 350 words that you've already memorized. This combination of words and sentences will help you master the language to even greater proficiency and quicker than with other courses.

The books that comprise Parts 2 and 3 have progressed from just vocabulary and are now split into various categories that are useful in our everyday lives. These categories range from travel to food to school and work, and other similarly broad subjects. In contrast to various other methods, the topics that are covered also contain parts of vocabulary that are not often broached, such as the military, politics, and religion. With these more unusual topics for learning conversational languages, the student can learn quicker and easier. This method is flawless and it has proven itself time and time again.

If you decide to travel to Brazil, then this book will help you speak the Portuguese language.

This method has worked for me and thousands of others. It surpasses any other language-learning method system currently on the market today.

This book, Part 2, specifically deals with practical aspects concerning travel, camping, transportation, city living, entertainment such as films, food including vegetables and fruit, shopping, family including grandparents, in-laws, and stepchildren, human anatomy, health, emergencies, and natural disasters, and home situations.

The sentences within each category can help you get by in other countries.

In relation to travel, for example, you are given sentences about food, airport necessities such as immigration, and passports. Helpful phrases include, "Where is the immigration and passport control inside the airport?" and "I want to order a bowl of cereal and toast with jelly." For flights there are informative combinations such as, "There is a long line of passengers in the terminal because of the delay on the runway." When arriving in another country options for what to say include, "We want to hire a driver for the tour. However, we want to pay with a credit card instead of cash" and, "On which street is the car-rental agency?"

When discussing entertainment in another country and in a new language, you are provided with sentences and vocabulary that will help you interact with others. You can discuss art galleries and watching foreign films. For example, you may need to say to friends, "I need subtitles if I watch a foreign film" and, 'The mystery-suspense genre films are usually good movies'. You can talk about your own filming experience in front of the camera.

The selection of topics in this book is much wider than in ordinary courses. By including social issue such as incarceration, it will help you to engage with more people who speak the language you are learning.

Part 3 will deal with vocabulary and sentences relevant to indoor matters such as school and the office, but also a variety of professions and sports.

The Portuguese to Language

Portuguese has over 200 million native speakers, and it is the sixth most common language in the world. The language originated from Latin roots and became popular after a Roman invasion of the western region of the Iberian Peninsula (the area known today as Portugal) during the third century BC. The incoming Romans blended their language with that of the natives, so Portuguese began to change. Traders of the time began to use the language, so it spread rapidly, making its way into Africa and Asia and eventually Brazil. In fact, before the language was officially modernized, it was quite unique. Today, there are more traces of Greek and Latin and fewer words from the original Portuguese language.

Memorization Made Easy

There is no doubt the three hundred and fifty words in my program are the required essentials in order to engage in quick and easy basic conversation in any foreign language. However, some people may experience difficulty in the memorization. For this reason, I created Memorization Made Easy. This memorization technique will make this program so simple and fun that it's unbelievable! I have spread the words over the following twenty pages. Each page contains a vocabulary table of ten to fifteen words. Below every vocabulary box, sentences are composed from the words on the page that you have just studied. This aids greatly in memorization. Once you succeed in memorizing the first page, then proceed to the second page. Upon completion of the second page, go back to the first and review. Then proceed to the third page. After memorizing the third, go back to the first and second and repeat. And so on. As you continue, begin to combine words and create your own sentences in your head. Every time you proceed to the following page, you will notice words from the previous pages will be present in those simple sentences as well, because repetition is one of the most crucial aspects in learning any foreign language. Upon completion of your twenty pages, *congratulations,* you have absorbed the required words and gained a basic, quick-and-easy proficiency and you should now be able to create your own sentences and say anything you wish in the Portuguese language. This is a crash course in conversational Portuguese, and it works!

TRAVEL - VIAGEM

Flight - Vôo
Airplane - Avião
Airport – Aeroporto
Terminal - Terminal
Passport - Passaporte / **Customs -** Alfândega
Take off (airplane) – Decolagem / **Landing -** Aterrissa
Gate – Portão
Departure - Partida / **Arrival –** Chegada
Luggage - àrea de bagagem / **Suitcase -** Bagagem / **Baggage claim -** Mala de viagem
Passenger – (Male) Passageiro / **(Female)** passageira
Final Destination – Destino final / **Boarding -** Embarque
Runway - Pista
Line - Fila / **Delay -** Atraso
Wing - Asa

I like to travel.
Eu gosto de viajar.
This is a very expensive flight.
Este é um vôo muito caro (expensive).
The airplane takes off in the morning and lands at night.
O avião decola de manhã e aterrissa à noite.
My suitcase is at the baggage claim.
Minha mala está na área de bagagem.
We need to go to the departure gate instead of the arrival gate.
Precisamos ir até o portão de embarque em vez do portão de chegada.
There is a long line of passengers in the terminal because of a delay on the runway.
Tem uma longa fila de passageiros no terminal devido a um atraso na pista.
What is your final destination?
Qual é o seu destino final?
I don't like to sit above the wing of the airplane.
Não gosto de me sentar sobre a asa do avião.
The flight takes off at 3pm, but the boarding commences at 2:20pm.
O vôo decola às 15h, mas o embarque começa às 14h20.
Do I need to check in my luggage?
Preciso despachar minha bagagem?
Where is the passport control inside the airport?
Onde está o controle de passaporte dentro do aeroporto?
I am almost finished at customs.
Estou quase terminando na alfândega?
I am almost finished at customs.
Casi termino con las aduanas.

International flights – Vôos internacionais
Domestic flights – Vôos domésticos
First class – Primeira classe
Business class – Classe executiva
Economy class – Classe econômica
Direct flight - Vôo direto / **Round trip** - Ida e volta
One-way flight - Vôo só de ida / **Return flight** - Vôo de regresso
Flight attendant - Comissária de bordo / aeromoça
Layover / connection - Escala / conexão
Reservation - Reserva
Security check – Verificação de segurança
Checked bags - Malas despachadas / **Carry on bag** - Bolsa de mão
Business trip - Viagem de negócios
Check in counter – Balcão de embarque
Travel agency - Agência de viagens
Temporary visa – Visto temporário / **Permanent visa** – Visto permanente
Country – País

The flight attendant told me to go to the check in counter.
A comissária de bordo me disse para ir ao balcão de embarque.
For international flights you must be at the airport at least three hours before departure.
Para vôos internacionais, você deve estar no aeroporto pelo menos três horas antes da partida.
For a domestic flight, I need to arrive at the airport at least two hours before departure.
Para um vôo doméstico, preciso chegar ao aeroporto pelo menos duas horas antes da partida.
Business class is usually cheaper than first class.
A classe executiva geralmente (usually) é mais barata (cheaper) que a primeira classe.
Through the travel agency, the one-way ticket was cheaper than the round-trip ticket.
Por meio da agência de viagens, o bilhete de ida estava mais barato do que o de ida e volta.
I prefer a direct flight without a layover.
Eu prefiro um vôo direto sem escala.
I must make reservations for my return flight.
Devo fazer reservas para o meu vôo de volta.
Why do I need to remove my shoes at the security check?
Por que preciso tirar meus sapatos na verificação de segurança?
I have three checked bags and one carry-on.
Tenho três malas despachadas e uma bagagem de mão.
I have to ask my travel agent if this country requires a visa.
Tenho que perguntar ao meu agente de viagens se este país exige um visto.

Travel

Trip – Viagem
Tourist - Turista / **Tourism** - Turismo
Holidays - Feriados, festas / **Vacations** - Férias
Currency exchange - Casa de câmbio
Port of entry - Porto de entrada
Car rental agency - Agência de aluguel de carros
Identification - Identificação
GPS - GPS
Road - Estrada / rodovia
Map - Mapa
Information center - Centro de informações
Bank - Banco
Hotel – Hotel / **Motel** - Motel / **Hostel** - Hostel
Leisure - Lazer
Driver – **(Male)** Condutor/ (**Female**) condutora
Tour - Passeio
Credit - Crédito / **Cash** - Dinheiro / especime
A guide - Um guia
Ski Resort - Estação de esqui

I had an amazing trip.
Eu tive uma viagem incrível.
The currency exchange counter is past the port of entry.
A casa de câmbio de moeda está depois do porto de entrada.
There is a lot of tourism during the holidays and vacations.
Tem muito turismo durante as férias e feriado.
Where is the car-rental agency?
Onde fica a agência de aluguel de carros?
You need to show your identification whenever checking at a hotel
Você precisa mostrar sua identificação sempre que se registrar num hotel.
It's more convenient to use the GPS on the roads instead of a map.
É mais conveniente usar o GPS nas estradas em vez de um mapa.
Why is the information center closed today?
Por que o centro de informações está fechado hoje?
When I am in a new country, I go to the bank before I go to the hotel.
Quando estou em um novo país, vou ao banco antes de ir ao hotel.
I need to book my leisure vacation at the ski resort today.
Preciso reservar minhas férias de lazer na estação de esqui hoje.
We want to hire a driver for the tour.
Queremos contratar um motorista para o passeio.
We want to pay with a credit card instead of cash.
Queremos pagar com cartão de crédito em vez de dinheiro.
Does the tour include an English-speaking guide?
O passeio inclui um guia que fala inglês?

TRANSPORTATION - TRANSPORTE

Car - Carro
Bus - Ônibus
Station - Estação
Train - Trem
Train station - Estação de trem
Train tracks - Trilhos de trem / **Train cart -** Carrinho de trem
Subway - Metrô
Taxi - Táxi
Motorcycle – Motocicleta / **Scooter -** Lambretta
Helicopter - Helicóptero
School bus – Ônibus escolar
Limousine - Limosine
Driver license - Carta de condução / carteira de motorista
Vehicle registration - Registro de veículos
License plate - Matrícula
Ticket - Bilhete
Ticket (penalty) - Multa

Where is the public transportation?
Onde fica o transporte público?
Where can I buy a bus ticket?
Onde posso comprar uma passagem de ônibus?
Please call a taxi.
Por favor, chame um táxi.
In some cities you don't need a car because you can rely on the subway.
Em algumas cidades, você não precisa de carro, porque pode confiar no metrô.
Where is the train station?
Onde é a estação de trem?
The train cart is still stuck on the tracks.
O carrinho de trem ainda está preso nos trilhos.
The motorcycles make loud noises.
As motocicletas fazem barulhos alto.
Where can I rent a scooter?
Onde posso alugar uma lambretta?
I want to schedule a helicopter tour.
Eu quero reservar um passeio de helicóptero.
I want to go to the party in a limousine.
Eu quero ir à festa em uma limosine.
Don't forget to bring your driver's license and registration.
Não se esqueça de trazer sua carteira de motorista e registro.
The cop gave me a ticket because my license plate is expired.
O policial me deu uma multa porque minha placa estava vencida.

Truck – Caminhão
Pick up truck - Caminhonete
Bicycle – Bicicleta
Van - Van
Gas station – Posto de gasolina / **Gasoline** - Gasolina
Tire - Pneu
Oil change – Troca de óleo
Tire change – Troca de pneus
Mechanic – Mecânico
Canoe - Canoa
Ship – Navio / **Boat** - Barco
Yacht - Iate
Sailboat - Veleiro
Motorboat – Barco a motor
Marina - Marina
A dock - Uma embarcadeiro
Cruise - Cruzeiro / **Cruise ship** - Navio de cruzeiro
Ferry - Balsa
Submarine - Submarino

I have to put my bicycle in my truck.
Eu tenho que colocar minha bicicleta na minha caminhonete.
Where is the gas station?
Onde fica o posto de gasolina?
I need gasoline and also to put air in my tires.
Eu preciso de gasolina e também ar colocar ar nos meus pneus.
I need to take my car to the mechanic for a tire and oil change.
Preciso levar meu carro ao mecânico para trocar os pneus e o óleo.
I can bring my canoe in the van.
Eu posso trazer minha canoa na van.
Can I bring my yacht to the boat show at the marina?
Posso levar meu iate para o show de barco na marina?
I prefer a motorboat instead of a sailboat.
Eu prefiro um barco a motor em vez de um veleiro.
I want to leave my boat at the dock on the island.
Quero deixar meu barco no embarcadeiro da ilha.
This spot is a popular stopping point for the cruise ship.
Este local é um ponto de parada popular para o navio de cruzeiro.
This was an incredible cruise.
Este foi um cruzeiro incrível.
Do you have the schedule for the ferry?
Você tem o horário para a balsa?
The submarine is yellow.
O submarino é amarelo.

CITY - CIDADE

Town / village - Cidade / vila
House – Casa
Home - Lar
Apartment - Apartamento
Tower - Torre
Building - Edifício
Skyscraper – Arranha-céu
Neighborhood – Bairro
Office building – Edifício de escritórios / prédio de escritórios
Location - Localização
Elevator – Elevador
Stairs - Escadas
Fence - Cerca
Construction site – Canteiro de obras
Post office – Correios
Bridge - Ponte
Gate - Portão
City hall – Prefeitura **/ The mayor -** O prefeito, (f) A prefeita
Fire department – Corpo de bombeiros

Is this a city or a village?
Esta é uma cidade ou uma vila?
Does he live in a house or an apartment?
Ele mora em uma casa ou apartamento?
This residential building does not have an elevator, just stairs.
Este edifício residencial não tem elevador, apenas escadas.
These skyscrapers are located in the new part of the city.
Estes arranha-céus estão localizados na nova parte da cidade.
The tower is tall but the building beside it is very short.
A torre é alta, mas o prédio ao lado é muito baixo.
This is a historical neighborhood.
Este é um bairro histórico.
There is a fence around the construction site.
Há uma cerca ao redor do canteiro de obras.
The post office is located in that office building.
O correio está localizado naquele prédio de escritórios.
The bridge is closed today.
A ponte está fechada hoje.
The gate is open.
O portão está aberto.
The fire department is located in the building next to city hall.
O corpo de bombeiros está localizado no prédio ao lado da prefeitura.

Street - Rua / **Main street** - Rua principal
Parking / parking lot - Estacionamento
Sidewalk - Calçada
Traffic - Tráfico
Traffic light - Semáforo
Red light – Luz vermelha / **Yellow light** - Luz amarela / **Green light** – Luz verde
Toll lane - Faixa de pedágio
Fast lane – Via rápida / **Slow lane** – Pista lenta
Left lane – Faixa esquerda / **Right lane** – Faixa direita
Highway – Rodovia / **Intersection** - Interseção / cruzamento / **Tunnel** – Túnel
Stop sign - Sinal de stop / sinal de parada
Pedestrians - Pedestres / **Crosswalk** - Faixa de pedestres
U-turn - Retorno / **Shortcut** - Atalho

The parking is on the main street and not on the sidewalk.
O estacionamento fica na rua principal e não na calçada
Where is the parking lot?
Onde fica o estacionamento?
The traffic is very bad today.
O tráfego está muito ruim hoje.
You must avoid the fast lane because it's a toll lane.
Você deve evitar a faixa rápida, porque é uma faixa de pedágio.
I hate to drive on the highway.
Eu odeio dirigir na rodovia.
At a red light you need to stop, at a yellow light you must be prepared to stop and at a green you can drive.
Em um sinal vermelho, você precisa parar, em um sinal amarelo, você deve estar preparado para parar e, em um verde, pode dirigir.
I don't like traffic lights.
Eu não gosto de semáforos.
At the intersection, you need to stay in the right lane instead of the left lane because that's a bus lane.
No cruzamento, você precisa permanecer na faixa da direita em vez da faixa da esquerda, porque é uma faixa de ônibus.
The tunnel is very long, however, it seems short.
O túnel é muito longo, no entanto, parece curto.
It's a long way.
É um longo caminho.
The next bus stop is far.
A próxima parada de ônibus está longe.
You need to turn right at the stop sign and then continue on straight.
Você precisa virar à direita no sinal de parada e continuar em frente.
Pedestrians use the crosswalk to cross the road.
Os pedestres usam a faixa de pedestres para atravessar a rua.

City

Capital – Capital
Resort - Resort
Port - Porto
Road - Estrada
Trail – Trilha
Bus station - Rodoviária
Bus stop – Parada de ônibus
Night club – Club noturno / boate
Downtown – Centro da cidade
District - Distrito
County - Condado / município
Statue - Estátua
Monument - Monumento
Castle – Castelo
Cathedral - Catedral
Zoo – Zoológico
Science museum – Museu de Ciências
Playground – Campo de recreo / parquinho
Swimming pool – Piscina
Jail – Cadeia
Prison - Penitenciária

The capital is a major attraction point for tourists.
A capital é um importante ponto de atração para turistas.
The resort is next to the port.
O resort fica ao lado do porto.
The night club is located in the downtown district.
A boate está localizada no distrito do centro da cidade.
This statue is a monument to the city.
Esta estátua é um monumento à cidade.
This is an ancient castle.
Este é um castelo antigo.
That is a beautiful cathedral.
Essa é uma bela catedral.
Do you want to go to the zoo or the science museum?
Você quer ir ao zoológico ou ao museu de ciências?
The children are in the playground.
As crianças estão no parquinho.
The swimming pool is closed for the community today.
A piscina está fechada para a comunidade hoje.
You need to follow the trail alongside the main street to reach the bus station.
Você precisa seguir a trilha ao longo da rua principal para chegar à estação de ônibus.
There is a jail in this county, but not a prison.
Tem uma prisão neste condado, mas não uma penitenciária.

ENTERTAINMENT - ENTRETENIMIENTO

Movie - Filme
Theater (movie theater) - Cinema
Actor - Ator
Actress - Atriz
Genre – Gênero
Subtitles – Legendas
Action - Ação
Foreign film - Filme estrangeiro
Mystery – Mistério
Suspense – Suspense
Documentary - Documentário
Biography - Biografia
Drama - Drama
Comedy - Comédia
Romance - Romance
Horror – Horror / terror
Animation - Animação
Cartoon – Desenho animado
Director – Diretor / **Producer -** Produtor / **Audience –** Audiência / público

There are three new movies at the theater that I want to see.
Tem três novos filmes no cinema que eu quero ver.
He is a really good actor.
Ele é realmente um bom ator.
She is an excellent actress
Ela é uma excelente atriz.
That was a good action movie.
Esse foi um bom filme de ação.
I need subtitles when I watch a foreign film.
Preciso de legendas quando assisto a um filme estrangeiro.
Films of the mystery-suspense genre are usually good movies.
Filmes do gênero suspense ou mistério são geralmente bons filmes.
I like documentary films. However, comedy-drama or romance films are better.
Eu gosto de documentários. No entanto, filmes de comédia ou drama são melhores.
My favorite genre of movies are the horror movies.
Meu gênero favorito de filmes são os filmes de terror.
It's fun to watch cartoons and animated movies.
É divertido assistir desenhos animados e filmes de animação.
Sometimes biographies are boring to watch.
Às vezes, as biografias são chatas de assistir.
The director and the producer can meet the audience today.
O diretor e o produtor podem encontrar o público hoje.

Entertainment - Entretenimento
Television - Televisão
A show - Um programa (as in television)
A show - Um show (as in live performance)
Channel – Canal
Series - Série
Commercial - Comercial
Episode - Episódio
Anchorman - Apresentador
Anchorwoman - Apresentadora
News - Notícias / noticiário
News station – Estação de notícias
Screening - Pré-estréia
Live - Ao vivo
Broadcast - Transmissão
Headline - Título / manchetes
Viewer – Telespectadores
Speech – Discurso
Script - Roteiro
Screen - Tela
Camera - Câmera

It's time to buy a new television.
É hora de comprar uma nova televisão.
This was the first episode of this television show yet it was a long series.
Este foi o primeiro episódio deste programa de televisão, no entanto, foi uma série longa.
There aren't any commercials on this channel.
Não há comerciais neste canal.
This anchorman and anchorwoman work for our local news station.
Este apresentador e apresentadora trabalham para a nossa estação de notícias local.
They decided to screen a live broadcast on the news.
Eles decidiram exibir uma transmissão ao vivo no noticiário.
The news station featured the headlines before the program began.
A estação de notícias apresentava as manchetes antes do início do programa.
Tonight, all the details about the incident were mentioned on the news.
Hoje à noite, todos os detalhes sobre o incidente foram mencionados no noticiário.
The viewers wanted to hear the presidential speech today.
Os telespectadores queriam ouvir o discurso presidencial hoje.
I must read my script in front of the screen and the camera
Preciso ler meu roteiro na frente da tela e da câmera.
We want to enjoy the entertainment tonight.
Queremos aproveitar o entretenimento hoje noite.

Entertainment

Theater (play) – Teatro
A musical - Um musical
A play - Uma peça
Stage – Palco / cenário
Audition - Seleção
Performance – Apresentação
Box office – Bilheteria
Ticket – Bilhete
Singer – Cantor
Band – Banda
Orchestra - Orquestra
Opera - Ópera
Music - Música
Song - Canção
Musical instrument – Instrumento musical
Drum - Bateria/ **Guitar** - Violão / **Piano** - Piano
Trumpet – Trompete/ **Violin** – Violino/ **Flute** - Flauta
Art - Arte
Gallery - Galeria
Studio - Estúdio
Museum – Museu

The art gallery has a studio for rent.
A galeria de arte tem um estúdio para alugar.
I went to an art museum yesterday.
Eu fui a um museu de arte ontem.
It was a great musical performance.
Foi uma ótima apresentação musical.
Can I audition for the play on this stage?
Poderiame apresentar para a seleção desta obrateatral neste cenário?
She is the lead singer of the band.
Ela é a vocalista principal da banda.
I will go to the box office tomorrow to purchase tickets for the opera.
Amanhã vou à bilheteria para comprar ingressos para a ópera.
The orchestra needs to perform below the stage.
A orquestra precisa se apresentar tocar abaixo do palco.
I like to listen to this type of music. I hope to hear a good song.
Eu gosto de ouvir esse tipo de música. Espero ouvir uma boa canção.
The most popular musical instruments that are used in a concert are drums, guitars, pianos, trumpets, violins, and flutes.
Os instrumentos musicais mais populares usados em um show são bateria, violão, piano, trompete, violino e flauta.

FOODS - ALIMENTOS

Grocery store - Mercearia / **Market -** Mercado / **Supermarket -** Supermercado
Groceries - Comestíveis
Butcher shop - Açougue / **Butcher -** Açougueiro
Bakery - Padaria / **Baker -** Padeiro
Breakfast – Café da manhã / **Lunch –** Almoço / **Dinner –** Jantar
Meat - Carne / **Chicken -** Frango
Seafood – Mariscos
Milk - Leite / **Cheese -** Queijo / **Butter –** Manteiga
Egg – Ovo / **Oil -** Óleo
Flour - Farinha
Bread - Pão
Baked - Assado
Cake - Bôlo
Beer - Cerveja / **Wine –** Vinho
Cinnamon - Canela
Powder - Pó
Mustard - Mostarda

Where is the nearest grocery store?
Onde fica a mercearia mais próxima?
Where can I buy meat and chicken?
Onde posso comprar carne e frango?
I need to buy flour, eggs, milk, butter, and oil to bake my cake.
Preciso comprar farinha, ovos, leite, manteiga e óleo para assar meu bôlo.
The groceries are already in the car.
As comestíveis já estão no carro.
It's easy to find papayas and coconuts at the supermarket.
É fácil encontrar mamões e côcos no supermercado.
Where can I buy beer and wine.
Onde posso comprar cerveja e vinho.
On which aisle is the cinnamon powder?
Em qual corredor está o pó de canela?
The butcher shop is near the bakery.
O açougue fica perto da padaria.
I have to go to the market, to buy a half kilo of meat.
Eu tenho que ir ao mercado, comprar meia kilo de carne.
For lunch, we can eat seafood, and then pasta for dinner.
Para o almoço, podemos comer frutos do mar e depois macarrão para o jantar.
I usually eat bread with cheese for breakfast.
Eu costumo comer pão com queijo no café da manhã.
I don't have any ketchup or mustard to put on my hotdog.
Não tenho ketchup ou mostarda para colocar no meu cachorro-quente.

Menu - Menu
Beef - Carne / **Lamb -** Cordeiro / **Pork -** Carne de porco
Steak - Bife
Hamburger - Hambúrguer
Water – Água
Salad - Salada
Soup - Sopa
Appetizer – Aperitivo / **Entrée –** Entrada
Cooked - Cozido
Boiled - Fervido
Fried - Frito / **Grilled -** Grelhado
Raw - Cru
Coffee – Café
Dessert – Sobremesa
Ice cream - Sorvetes
Olive oil – Azeite
Fish – Peixe
Juice - Suco
Tea – Chá
Honey - Mel
Sugar - Açúcar

Do you have a menu in English?
Você tem um menu em inglês?
Which is preferable, the fried pork or the grilled lamb?
Qual é preferível, a carne de porco frita ou o cordeiro grelhado?
I want to order a cup of water, a soup for my appetizer, and pizza for my entrée.
Quero pedir um copo de água, uma sopa para meu aperitivo e pizza para minha entrada.
I want to order a steak for myself, a hamburger for my son, and ice cream for my wife.
Quero pedir um bife para mim, um hambúrguer para o meu filho e sorvete para minha esposa.
Which type of dessert is included with my coffee?
Que tipo de sobremesa está incluída no meu café?
Can I order a salad with a boiled egg and olive oil on the side?
Posso pedir uma salada com um ovo cozido e azeite ao lado?
This fish isn't well cooked, it is still raw inside.
Este peixe não está bem cozido, ainda está cru por dentro.
I want to order a fruit juice instead of a soda.
Quero pedir um suco de frutas em vez de uma soda.
I want to order tea with a teaspoon of honey instead of sugar.
Quero pedir um chá com uma colher de chá de mel em vez de açúcar.
The tip is 20% at this restaurant.
A gorjeta é de 20 porcento neste restaurante.

Foods

Vegetarian - Vegetariano
Vegan – Vegano
Dairy products - Laticínios/ produtos de leite
Salt - Sal / **Pepper -** Pimenta
Flavor - Sabor / **Spices -** Especiarias
Rice - Arroz / **Fries -** Batatas fritas
Soy - Soja
Nuts - Nozes / **Peanuts -** Amendoim
Sauce - Molho
Sandwich - Sanduíche
Mayonnaise - Maionese
Jelly - Geléia
Chocolate - Chocolate
Cookie - Biscoito
Candy - Doces
Whipped cream - Chantilly
Popsicle - Picolé
Frozen - Congelado
Thawed – Descongelado

I don't eat meat because I am a vegetarian.
Eu não como carne porque sou vegetariana.
My brother won't eat dairy because he is a vegan.
Meu irmão não come laticínios porque é vegano.
Food tastes much better with salt, pepper, and spices.
A comida tem um gosto muito melhor com sal, pimenta e especiarias.
The only things I have in my freezer are popsicles.
As únicas coisas que tenho no meu congelador são os picolés.
No chocolate, candy, or cookies until after dinner.
Sem chocolate, doces ou biscoitos até depois do jantar.
I want to try a sample of that piece of cheese.
Quero experimentar uma amostra desse pedaço de queijo.
I have allergies to nuts and peanuts.
Eu tenho alergias a nozes e amendoins.
This sauce is disgusting.
Este molho é nojento.
Why do you always put mayonnaise on your sandwich?
Por que você sempre coloca maionese no seu sanduíche?
The food is still frozen so we need to wait for it to thaw.
A comida ainda está congelada, então precisamos esperar que ela descongele.
Please bring me a bowl of cereal and a slice of toasted bread with jelly.
Por favor, traga-me uma tigela de cereal e uma fatia de pão torrado com geléia.
It's healthier to eat rice instead of fries.
É mais saudável comer arroz em vez de batatas fritas.

VEGETABLES - Legumes

Tomato - Tomate
Carrot - Cenoura
Lettuce - Alface
Radish - Rabanete / **Beet -** Beterraba
Eggplant - Berinjela
Bell Peppers – Pimentões / **Hot pepper –** Pimenta
Celery - Aipo
Spinach - Espinafre
Cabbage - Repolho / **Cauliflower -** Couve-flor
Beans – Feijão
Corn - Milho
Garlic - Alho / **Onion -** Cebola
Artichoke - Alcachofra
Grilled vegetables – Legumes grelhados / **Steamed vegetables –** Legumes no vapor

Grilled vegetables or steamed vegetables are popular side dishes at restaurants.
Legumes grelhados ou legumes no vapor são acompanhamentos populares em restaurantes.
I put carrots, bell peppers, lettuce, and radishes in my salad.
Ponho cenouras, pimentões, alface e rabanetes na minha salada.
It's not hard to grow tomatoes.
Não é difícil cultivar tomates.
Eggplant can be cooked or fried.
Berinjela pode ser cozida ou frita.
I like to put beets in my salad.
Eu gosto de colocar beterraba na minha salada.
Why are chili peppers so spicy?
Por que as pimentas são tão picantes?
Celery and spinach have natural vitamins.
Aipo e espinafre têm vitaminas naturais.
Fried cauliflower tastes better than fried cabbage.
Couve-flor frita tem um sabor melhor do que repolho frito.
Rice and beans are my favorite side dish.
Arroz e feijão é o meu prato favorito.
I like to put butter on corn
Eu gosto de colocar manteiga no milho.
Garlic is an important ingredient in many cuisines.
O alho é um ingrediente importante em muitas cozinhas.
Where is the onion powder?
Onde está a cebola em pó?
Artichokes are difficult to peel.
Alcachofras são difíceis de descascar.

Cucumber – Pepino
Lentil - Lentilha
Peas - Ervilhas
Green onion – Cebolinha
Herbs - Ervas
Parsley - Salsa / **Cilantro -** Coentro
Basil - Manjericão / **Dill -** Endro / **Mint -** Hortelã
Potatoes – Batatas
Sweet Potato - Batata-Doce
Mushroom – Cogumelo
Asparagus - Espargos
Seaweed salad – Salada de algas
Pumpkin – Abóbora
Squash - Jerimum / **Zucchini -** Abobrinha
Chick peas – Grão de bico
Vegetable garden – Horta

I want to order lentil soup.
Quero pedir sopa de lentilha.
Please put the green onion in the refrigerator.
Por favor, bonha a cebolinha na geladeira.
The most common kitchen herbs are basil, cilantro, dill, parsley, and mint.
As ervas de cozinha mais comuns são manjericão, coentro, endro, salsa e hortelã.
Some of the most common vegetables for tempura are sweet potatoes and mushrooms.
Alguns dos vegetais mais comuns para o tempura são batatas doces e cogumelos.
I want to order vegetarian sushi with asparagus and cucumber, along with a side of seaweed salad.
Quero pedir sushi vegetariano com aspargos e pepino, juntamente com um lado de salada de algas.
I enjoy eating pumpkin seeds as a snack.
Gosto de comer sementes de abóbora como petisco.
I need to water my vegetable garden.
Eu preciso regar minha horta.
The potatoes in the field are ready to harvest.
As batatas no campo estão prontas para colher.
Chickpeas are the main ingredient to make hummus.
Grão de bico é o principal ingrediente para fazer hummus.
Zucchini and squash are from the same family of vegetables.
Abobrinha e jerimum são da mesma família de vegetais.
Pickled ginger is extremely healthy for you.
O gengibre em conserva é extremamente saudável para você.
The tomatoes are fresh but the cucumbers are rotten.
Os tomates são frescos, mas os pepinos estão podres.

FRUITS - FRUTAS

Apple - Maçã / **Banana -** Banana
Peach - Pêssego
Orange - Laranja / **Grapefruit -** Laranja da terra
Tropical fruits - Frutas tropicais
Papaya - Mamão
Coconut - Côco
Cherry - Cerejeira
Raisin - passas / **Prune -** Ameixa seca
Dates - Tâmaras / **Fig -** Figo
Fruit salad - Salada de frutas
Dried fruits - Frutos secos
Apricot - Damasco
Pear - Pera
Avocado - Abacate
Ripe - Maduro

Can I add raisins to the apple pie?
Posso adicionar passas à torta de maçã?
Orange juice is a wonderful source of Vitamin C.
O suco de laranja é uma fonte maravilhosa de vitamina C.
Grapefruits are extremely beneficial for your health.
Laranja da terra é são extremamente benéfica para sua saúde.
I have a peach tree in my front yard.
Eu tenho um pessegueiro no meu quintal.
It's easy to find papayas and coconuts at the supermarket.
É fácil encontrar mamões e côcos no supermercado.
I want to travel to Japan to see the famous cherry blossom.
Eu quero viajar para o Japão para ver a famosa flor de cerejeira.
Bananas are tropical fruits.
Bananas são frutas tropicais.
I want to mix dates and figs in my fruit salad.
Quero misturar tâmaras e figos na minha salada de frutas.
Apricots and prunes are my favorite dried fruits.
Damascos e ameixas são meus frutos secos favoritos.
Pears are delicious.
Peras são deliciosas.
The avocados aren't ripe yet.
Os abacates ainda não estão maduros.
The green apple is very sour.
A maçã verde é muito azeda.
The unripe peach is usually bitter.
O pêssego verde é geralmente amargo.

Fruit tree - Árbol de frutas
Citrus - Cítricos
Lemon - Limón
Lime - Lima
Pineapple - Piña
Melon - Melón
Watermelon - Sandía
Strawberry - Fresa
Berry - Baya / moras
Raspberry - Frambuesa
Blueberry - Arándano
Grape - Uva
Pomegranate - Granada
Plum - Ciruela
Olive - Aceituna
Grove - Arboleda

Strawberries grow during the Spring.
Las fresas crecen durante la primavera.
How much does the watermelon juice cost?
¿Cuánto cuesta el jugo de sandía?
I have a pineapple plant inside a pot.
Tengo una planta de piña en una maceta (plant pot).
Melons grow on the ground.
Los melones crecen en la tierra (ground).
I am going to the fruit-tree section of the nursery today to purchase a few citrus trees.
Hoy voy a la sección de árboles frutales del vivero (nursery) para comprar algunos cítricos.
There are many raspberries on the bush.
Hay muchas frambuesas en el arbusto (bush).
Blueberry juice is very sweet.
El jugo de arándano es muy dulce.
Berriess are acidic fruits.
Las bayas son frutas ácidas.
Pomegranate juice contains a very high level of antioxidants.
El jugo de la granada contiene un nivel (level) muy alto de antioxidantes.
I need to pick the grapes to make the wine.
Necesito recoger las uvas para hacer el vino.
Plums are seasonal fruits.
Las ciruelas son frutas temporadas (seasonal).
I must add either lemon juice or lime juice to my salad
Debo agregar jugo de limón o jugo de lima en mi ensalada.
I have an olive grove in my backyard.
Tengo un olivar en mí jardín.

SHOPPING - COMPRAS

Clothes - Roupas
Clothing store - Loja de roupas
For sale - Para venda
Hat - Chapéu
Shirt - Camisa
Shoes - Sapatos
Skirt - Saia
Dress - Vestido
Pants - Calças**/ Shorts -** Calção
Suit - Paletó / terno
Vest - Colete
Tie - Gravata
Uniform - Uniforme
Belt - Cinto
Socks - Meias
Gloves - Luvas
Glasses - Óculos**/ Sunglasses -** Óculos de Sol
Size - Tamanho **/ Small -** Pequeno, **(f)** pequena
Medium - Médio**/ Large -** Grande
Thin - Fino, **(f)** fina**/ Thick -** Grosso, **(f)** Grossa **/ Wide -** Largo / (f) larga
Thrift store - Brechó

There are a lot of clothes for sale today.
Hoje existem muitas roupas à venda.
Does this hat look good?
Esse chapéu parece bom?
I am happy with this shirt and these shoes.
Estou feliz com esta camisa e esses sapatos.
She prefers a skirt instead of a dress.
Ela prefere uma saia ao invés de um vestido.
These pants aren't my size.
Essas calças não são do meu tamanho.
Where can I find a thrift store? I want to buy a suit, a vest, and a tie.
Onde posso encontrar um brechó? Eu quero comprar um terno, um colete e uma gravata.
There are uniforms for school at the clothing store.
Tem uniformes para a escola na loja de roupas.
I forgot my socks, belt, and shorts at your house.
Esqueci minhas meias, cinto e shorts em sua casa.
These gloves are a size too small. Do you have a medium size?
Essas luvas são muito pequenas. Você tem um tamanho médio?
Today I don't need my reading glasses. I only need my sunglasses.
Hoje não preciso dos meus óculos de leitura. Eu só preciso dos meus óculos de sol.

Jacket - Casaco
Scarf - Encharpel cachecol
Mittens - Mitenes
Sleeve - Manga
Boots (rain, winter) - Botas
Sweater - Jaqueta
Bathing suit - Maiô
Flip flops - Chinelos
Tank top - Regata
Sandals - Sandálias
Heels - Saltos
On sale - À venda / liquidação / promoção
Expensive - Caro
Free - Grátis
Discount - Desconto
Cheap - Barato
Shopping - Compras
Mall - Shopping

We are going to the mountain today so don't forget your jacket, mittens, and scarf.
Nós estamos indo para a montanha hoje, então não esqueça seu casaco, luvas e cachecol.
I have long sleeve shirts and short sleeve shirts.
Eu tenho camisas de manga longa e camisas de manga curta.
Boots and sweaters are meant for winter.
Botas e jaquetas são para o inverno.
At the beach, I wear a bathing suit and flip flops.
Na praia, visto um maiô e chinelos.
I want to buy a tank top for summer.
Eu quero comprar uma regata para o verão.
I can't wear heels on the beach, only sandals.
Não posso usar salto alto na praia, apenas sandálias.
What's on sale today?
O que está em promoção hoje?
This is free.
Isso é grátis.
Even though this cologne and this perfume are discounted, they are still very expensive.
Embora essa colônia e este perfume este jamem promoção, eles ainda são muito caros.
These items are very cheap.
Esses itens são muito baratos.
I can go shopping only on weekends.
Só posso fazer compras nos finais de semana.
Is the local mall far?
O shopping local está longe?

Shopping

Store - Loja
Business hours - Horário comercial
Open - Aberto / **Closed** - Fechado
Entrance - Entrada / **Exit** - Saída
Shopping cart - Carrinho de compras
Shopping basket - Cesto de compras
Shopping bag - Sacola de compras
Toy store - Loja de brinquedos / **Toy** - Brinquedo
Book store - Livraria / **Music store** - Loja de música
Jeweler - Joalheiro/ **Jewelry** - Jóias
Necklace - Colar / **Bracelet** - Pulseira / **Earrings** - Brincos
Gold - Ouro/ **Silver** - Prata/ **Diamond** - Diamante
Gift - Presente
Coin - Moeda / **Antique** - Antiguidade
Dealer - Revendedor

What are your business hours?
Qual o horário de seu trabalho?
What time does the store open?
A que horas a loja abre?
What time does the store close?
A que horas a loja fecha?
Where is the entrance?
Onde fica a entrada?
Where is the exit?
Onde é a saída?
My children want to go to the toy store so that they can fill up the shopping cart with toys.
Meus filhos querem ir à loja de brinquedos para encher o carrinho de compras com brinquedos.
I need a large shopping basket when I go to the supermarket.
Preciso de um grande carrinho de compras quando vou ao supermercado.
Bookstores are almost non-existent since today everything that's for sale is online.
As livrarias são quase inexistentes, porque hoje tudo o que se vende está online.
It's difficult to find a music store these days.
Hoje em dia é difícil encontrar uma loja de música.
The jeweler sells gold and silver.
O joalheiro vende ouro e prata.
I want to buy a diamond necklace.
Eu quero comprar um colar de diamantes.
This bracelet and those pair of earrings are gifts for my daughter.
Esta pulseira e esse par de brincos são presentes para minha filha.
He is an antique coin dealer.
Ele é um negociante de moedas antigas.

FAMILY - FAMíLIA

Mother - Mãe
Father - Pai
Son - Filho
Daughter - Filha
Brother - Irmão
Sister - Irmã
Husband - Marido
Wife - Esposa
Parents - Pais
Child - Criança
Baby - Bebê
Grandparents - Avós
Grandfather - Avô
Grandmother - Avó
Grandson - Neto **/ Granddaughter -** Neta
Grandchildren - Netos
Nephew - Sobrinho
Niece - Sobrinha
Cousin - Primo

I have a big family.
Eu tenho uma grande família.
My brother and sister are here.
Meu irmão e irmã estão aqui.
The mother and father want to spend time with their child.
A mãe e o pai querem passar tempo com a sua criança.
He wants to bring his son and daughter.
Ele quer trazer seu filho e filha.
The grandfather wants to take his grandson to the movie.
O avô quer levar o neto ao cinema.
The grandmother needs to give her granddaughter money.
A avó precisa dar dinheiro à neta.
The grandparents want to spend time with their grandchildren.
Os avós querem passar tempo com seus netos.
The husband and wife have a new baby.
O marido e a esposa têm um novo bebê.
I want to go to the park with my niece and nephew.
Eu quero ir ao parque com minha sobrinha e sobrinho.
My cousin wants to see his children.
Meu primo quer ver seus filhos.
That man is a good parent.
Aquele homem é um bom pai.

Aunt - Tia / **Uncle** - Tio
Man - Homem / **Woman** - Mulher
Stepfather - Padrasto / **Stepmother** - Madrasta
Stepbrother - Meio-irmão / **Stepsister** - Meia-irmã
Stepson - Enteado / **Stepdaughter** - Enteada
Half brother - Meio irmão / **Half sister** - Meia irmã
In laws - Sogros
Ancestor - Antepassado / **Family tree** - Árvore genealógica
Generation - Geração
First born - Primogênito / **Only child** - Filho único
Relatives - Parentes / **Family members** - Membros da família
Twins - Gêmeos
Pregnant - Grávida
Adult - Adulto
Neighbor - Vizinho, **(f)** vizinha / **Friend** - Amigo, **(f)** amiga
Roomate - Companheiro de quarto, **(f)** Companheira de quarto
Adopted child - Criança adotada / **Orphan** - Órfão

My aunt and uncle are here for a visit.
Minha tia e meu tio estão aqui para uma visita.
He is their only child.
Ele é o único filho deles.
My wife is pregnant with twins.
Minha esposa está grávida de gêmeos.
He is their eldest son.
Ele é o filho mais velho deles.
The first-born child usually takes on all the responsibilities.
O primogênito geralmente assume todas as responsabilidades.
I was able to find all my relatives and ancestors on my family tree.
Consegui encontrar todos os meus parentes e ancestrais na minha árvore genealógica.
My parents' generation loved disco music.
A geração dos meus pais adorava música disco.
Their adopted child was an orphan
O filho adotivo era órfão.
I like my in-laws.
Eu gosto dos meus sogros.
I have a nice neighbor.
Eu tenho um bom vizinho.
We need to choose a godfather for his daughter.
Precisamos escolher um padrinho para a filha dele.
She considers her stepson as her real son.
Ela considera seu enteado como seu verdadeiro filho.
She is his stepdaughter.
Ela é enteada dele.

HUMAN BODY - CORPO HUMANO

Head - Cabeça
Forehead - Testa
Face - Cara
Eye - Olhos / **Nose -** Nariz / **Ear -** Orelha
Mouth - Boca / **Lips -** Lábios
Tongue - Língua
Cheek - Bochecha
Chin - Queixo
Neck - Pescoço / **Throat -** Garganta
Eyebrow - Sobrancelha / **Eyelashes -** Pestanas
Hair - Cabelo
Beard - Barba / **Mustache -** Bigode
Tooth - Dente

My chin, cheeks, mouth, lips, and eyes are all part of my face.
Meu queixo, bochechas, boca, lábios e olhos fazem parte do meu rosto.
He has small ears.
Ele tem orelhas pequenas.
I have a cold so my nose, eyes, mouth, and tongue are affected.
Eu tenho um resfriado, então meu olhos, nariz, boca e língua são afetados.
The five senses are sight, touch, taste, smell, and hearing.
Os cinco sentidos são visão, toque, paladar, olfato e audição.
I am washing my face right now.
Estou lavando meu rosto agora.
I have a headache
Estou com dor de cabeça.
My eyebrows are too long.
Minhas sobrancelhas são muito longas.
He must shave his beard and mustache.
Ele deve raspar a barba e o bigode.
I want to brush my teeth in the morning.
Eu quero escovar os dentes de manhã.
She puts a lot of makeup on her cheeks and a lot of lipstick on her lips.
Ela coloca muita maquilagem nas bochechas e muito batom nos lábios.
Her hair covered her forehead.
Os cabelos dela cobriram a testa.
My hair is very long.
Meu cabelo é muito comprido.
She has a long neck.
Ela tem um pescoço comprido.
I have a sore throat.
Estou com dor de garganta.

Shoulder - Ombro
Chest - Peito
Arm - Braço / **Elbow** - Cotovelo / **Wrist** - Pulso
Hand - Mão / **Palm** (of hand) - Palma
Finger - Dedo
Thumb - Polegar
Back - Costa
Brain - Cérebro/ **Lungs** - Pulmões/ **Heart** - Coração
Kidneys - Rins/ **Liver** - Fígado
Stomach - Estômago/ **Intestines** - Intestinos
Leg - Perna/ **Ankle** - Tornozelo/ **Foot** - Pé
Toe - Dedo do pé
Nail - Unha
Joint - Articulação
Muscle - Músculo
Skeleton - Esqueleto / **Bone** - Osso
Spine - Coluna vertebral / **Ribs** - Costelas / **Skull** - Caveira
Skin - Pele
Vein - Veia

In the human body, the chest is located below the shoulders.
No corpo humano, o peito está localizado abaixo dos ombros.
He has a problem with his stomach.
Ele tem um problema no estômago.
I need to strengthen my arms and legs.
Eu preciso fortalecer meus braços e pernas.
I accidentally hit his wrist with my elbow.
Bati acidentalmente no pulso dele com o meu cotovelo.
I have pain in every part of my body especially in my hand, ankle, and back.
Sinto dores em todas as partes do corpo, especialmente nas mãos, tornozelos e costas.
I want to cut my fingernails and my toenails
Eu quero cortar minhas unhas e minhas unhas dos pés.
I need a new bandage for my thumb.
Eu preciso de um novo curativo para o meu polegar.
I have muscle and joint pains.
Eu tenho dores musculares e articulares.
You should change the cast on your foot at least once a month.
Você deve mudar o gêsso com o pé pelo menos uma vez por mês.
The spine is an important part of the skeleton.
A coluna vertebral é uma parte importante do esqueleto.
I have beautiful skin.
Eu tenho uma pele bonita.
The brain, heart, kidney, lungs, and liver are internal organs.
O cérebro, coração, rim, pulmões e fígado são órgãos internos.

HEALTH AND MEDICAL - Saúde Y Médico

Disease - Doença
Bacteria - Bactérias
Sick - Doente
Clinic - Clínica
Headache - Dor de cabeça / **Earache** - Dor de ouvido
Pharmacy - Farmácia / **Prescription** - Prescrição
Symptoms - Sintomas
Nausea - Náusea / **Stomachache** - Dor de estômago
Allergy - Alergia
Antibiotic - Antibiótico/ **Penicillin** - Penicilina
Sore throat - Dor de garganta / **Fever** - Febre / **Flu** - Gripe
To cough - Tossir/ **A cough** - Tosse
Infection - Infecção
Injury - Lesão / **Scar** - Cicatriz
Ache / pain - Dor
Intensive care - Cuidados intensivos
Bandage - Curativo

Are you in good health?
Você está em boa saúde?
These bacteria caused this disease.
Essas bactérias causaram esta doença.
He is very sick.
Ele esta muito doente.
I have a bad headache today so I must go to the pharmacy to refill my prescription.
Hoje estou com uma forte dor de cabeça, então devo ir à farmácia para reabastecer minha receita.
The main symptoms of food poisoning are nausea and stomach ache.
Os principais sintomas de intoxicação alimentar são náuseas e dores de estômago.
I have an allergy to penicillin, so I need another antibiotic.
Eu tenho alergia à penicilina, então preciso de outro antibiótico.
What do I need to treat an earache?
O que eu preciso para tratar uma dor de ouvido?
I need to go to the clinic for my fever and sore throat.
Eu preciso ir à clínica para febre e dor de garganta.
The bandage won't help your infection.
O curativo não ajudará sua infecção.
I have a serious injury so I must go to intensive care.
Eu tenho uma lesão grave, então devo ir para terapia intensiva.
I have muscle and joint pains today.
Hoje tenho dores musculares e articulares.

Hospital - Hospital
Doctor - Médico
Nurse - Enfermeira
Family Doctor - Médico de familia **/ Pediatrician -** Pediatra
Medicine / medication - Medicina / medicação **/ Pills -** Pastilhas / comprimidos
Heartburn - Azia
Paramedic - Paramédico
Emergency room - Pronto socorro
Health insurance - Seguro de saúde
Patient - Paciente
Surgery - Cirurgia**/ Surgeon -** Cirurgião**/ Face mask -** Máscara facial
Anesthesia - Anestesia
Local anesthesia - Anestesia local **/ General anesthesia -** Anestesia geral
A walker - Um caminhante / **A cane -** Uma bengala
Wheelchair - Cadeira de rodas / **Stretcher -** Maca
Dialysis - Diálise**/ Insulin -** Insulina
Temperature - Temperatura**/ Thermometer -** Termômetro
A shot - Um tiro**/ Needle -** Agulha**/ Syringe -** Seringa

Where is the closest hospital?
Onde é o hospital mais próximo?
I am seeing the nurse now before the doctor.
Estou vendo a enfermeira agora diante do médico.
The paramedics can take her to the emergency room but she doesn't have health insurance.
Os paramédicos podem levá-la à sala de emergência, mas ela não tem seguro de saúde.
The doctor told the patient to go home.
O médico disse ao paciente para ir para casa.
He needs knee surgery.
Ele precisa de cirurgia no joelho (knee).
The surgeon requires general anesthesia in order to operate.
O cirurgião requer anestesia geral para operar.
Does the patient need a wheelchair or a stretcher?
O paciente precisa de cadeira de rodas ou maca?
I have to take medicine every day.
Eu tenho que tomar remédio todos os dias.
Do you have any pills for heartburn?
Você tem algum comprimido para azia?
Where is the closest dialysis center?
Onde é o centro de diálise mais próximo?
Where can I buy insulin for my diabetes?
Onde posso comprar insulina para o meu diabetes?
I need a thermometer to take my temperature.
Eu preciso de um termômetro para medir minha temperatura.

Health and Medical

Stroke - Derrame
Blood - Sangue / **Blood pressure** - Pressão arterial
Heart attack - Ataque cardíaco
Cancer - Câncer/ **Chemotherapy** - Quimioterapia
To help - Ajudar
Germs - Germes / **Virus** - Vírus
Vaccine - Vacina / **A cure** - Uma cura / **To cure** - Curar
Cholesterol - Colesterol
Nutrition - Nutrição/ **Diet** - Dieta
Fat (person) - Gorduro, **(f)** gordura / **The fat** - A gordura
Skinny - Magro, **(f)** magra / **Thin** - Delgado, **(f)** delgada
Blind - Cego/ **Deaf** - Surdo/ **Mute** - Mudo
Young - Jovem / **Elderly** - Idoso
Nursing home - Lar de idosos
Disability - Incapacidade/ **Handicap** - Handicap / **Paralysis** - Paralisia
Depression - Depressão/ **Anxiety** - Ansiedade
Dentist - Dentista
X-ray - Radiografia
Cavity - Cavidad
Tooth paste - Pasta dental / **Tooth brush** - Escova de dente

A stroke is caused by a lack of blood flow to the brain.
Um acidente vascular cerebral é causado pela falta de fluxo sanguíneo no cérebro.
These are the symptoms of a heart attack.
Estes são os sintomas de um ataque cardíaco.
Chemotherapy is used to treat cancer.
A quimioterapia é usada para tratar o câncer.
Proper nutrition is very important and you must avoid foods that are high in cholesterol.
A nutrição adequada é muito importante e você deve evitar alimentos ricos em colesterol.
I need to go on a diet.
Eu preciso fazer dieta.
There is no cure for this virus, only a vaccine.
Não há cura para esse vírus, apenas uma vacina.
The nursing home is open 365 days a year.
O lar de idosos está aberto 365 dias por ano.
I don't like suffering from depression and anxiety.
Não gosto de sofrer de depressão e ansiedade.
Soap and water kill germs.
Água e sabão matam germes.
The dentist took X-rays of my teeth to check for cavities.
O dentista fez uma radiografia dos meus dentes para verificar se havia cáries.
My toothpaste has the same colors as my toothbrush.
Minha pasta de dente tem as mesmas cores da minha escova de dentes.

EMERGENCY & DISASTERS - Emergências e Desastres

Help - Ajuda
Fire - Incêndio
Ambulance - Ambulância
First aid - Primeiros socorros
CPR - RCP
Emergency number - Número de emergência
Accident - Acidente / **A car accident -** Um acidente de carro
Death - Morte/ **Deadly -** Mortal / **Fatal -** Fatal
Lightly wounded - Levemente ferido
Moderately wounded - Moderadamente herido
Seriously wounded - Gravemente ferido
Fire truck - Caminhão de bombeiros
Siren - Sirene
Fire extinguisher - Extintor de incêndio
Police - Polícia
Police station - Delegacia de polícia
Robbery - Roubo / **Thief -** Ladrão

There is a fire. I need to call for help.
Há um incêndio. Eu preciso pedir ajuda.
I need to call an ambulance.
Eu preciso chamar uma ambulância.
That accident was bad.
Aquele acidente foi ruim.
The thief wants to steal my money.
O ladrão quer roubar meu dinheiro.
The car crash was fatal. In addition, to the two deaths, four others suffered serious injuries, one was moderately wounded, and two were lightly wounded.
O acidente de carro foi fatal. Além disso, nas duas mortes, outras quatro sofreram ferimentos graves, uma foi moderadamente ferida e duas foram levemente feridas.
To know how to perform CPR is a very important first-aid knowledge.
Saber executar a RCP é um conhecimento muito importante de primeiros socorros.
What's the emergency number in this country?
Qual é o número de emergência neste país?
The police are on their way.
A polícia está a caminho.
I must call the police station to report a robbery.
Devo ligar para a delegacia para denunciar um assalto.
The siren of the fire truck is very loud.
A sirene do caminhão de bombeiros está muito alta.
Where is the fire extinguisher?
Onde está o extintor de incêndio?

Fire hydrant - Boca de incêndio
Fireman - Bombeiro
Emergency situation - Situação de emergência
Explosion - Explosão
Rescue - Rescate
Natural disaster - Desastre natural
Destruction - Destruição / **Damage** - Dano
Hurricane - Furacão
Tornado - Tornado
Hurricane shelter - Abrigo de furacões
Flood - Inundação
Rain - Chuva
Weather / climate - Clima
Storm - Tempestade
Snowstorm - Tempestade de neve
Hail - Granizo
Refuge - Refúgio
Caused - Causado
Safety - Segurança
Drought - Seca / **Famine** - Fome / **Poverty** - Pobreza
Epidemic - Epidemia / **Pandemic** - Pandemia

It's prohibited to park by the fire hydrant in case of a fire.
É proibido estacionar junto à boca de incêndio em caso de incêndio.
When there is a fire, the first to arrive on scene are the firemen.
Quando há um incêndio, os primeiros a chegar ao local são os bombeiros.
There is a fire. I need to call for help.
Há um incêndio. Eu preciso pedir ajuda.
In an emergency situation everyone needs to be rescued.
Em uma situação de emergência, todos precisam ser resgatados.
The gas explosion led to a natural disaster.
A explosão de gás levou a um desastre natural.
We used the hurricane shelter as refuge.
Usamos o abrigo contra furacões como refúgio.
The hurricane caused a lot of destruction and damage in its path.
O furacão causou muita destruição e danos em seu caminho.
The tornado destroyed the town.
O tornado destruiu a cidade.
The drought led to famine and a lot of poverty.
A seca levou à fome e muita pobreza.
There were three days of floods following the storm.
Houve três dias de inundações após a tempestade.
This is a snowstorm and not a hail storm.
Esta é uma tempestade de neve e não uma tempestade de granizo.

Emergency & Disaster

Dangerous - Perigoso
Danger - Perigo
Warning - Atenção
Earthquake - Terremoto
Disaster - Desastre
Disaster area - Área de desastre
Evacuation - Evacuação
Mandatory - Obrigatório
Safe place - Lugar seguro
Blackout - Apagão
Rainstorm - Tempestade
Lightning - Relâmpago
Thunder - Trovão
Avalanche - Avalanche
Heatwave - Onda de calor
Rip current - Corrente de rasgo
Tsunami - Tsunami
Whirlpool - Hidromassagem

We need to stay in a safe place during the earthquake.
Precisamos ficar em um lugar seguro durante o terremoto.
Heatwaves are usually in the summer.
Ondas de calor são geralmente no verão.
This is a disaster area, therefore there is a mandatory evacuation order.
Esta é uma área de desastre, portanto, há uma ordem de evacuação obrigatória.
There was a blackout for three hours due to the rainstorm.
Houve um blecaute por três horas devido à tempestade.
Be careful during the snowstorm since there might be the risk of an avalanche.
Tenha cuidado durante a tempestade de neve, pois pode haver o risco de uma avalanche.
There is a tsunami warning today.
Hoje existe um alerta de tsunami.
You can't swim against a rip current.
Você não pode nadar contra uma corrente de retorno.
There is a deadly whirlpool in the ocean.
Há um redemoinho mortal no oceano.

HOME - CASA

House - Casa
Living room - Sala de estar
Couch - Sofá
Sofa - Sofá
Door - Porta
Closet - Armário
Stairway - Escada
Rug - Tapete
Curtain - Cortina
Window - Janela
Floor - Andar
Floor (as in level) - Piso
Fireplace - Lareira / **Chimney** - Chaminé
Candle - Vela
Laundry detergent - Detergente para a roupa
Laundry - Lavanderia

He has a fireplace at his home.
Ele tem uma lareira em sua casa.
The living room is missing a couch and a sofa.
A sala está sem um sofá e um sofá.
I must buy a new door for my closet.
Preciso comprar uma nova porta para o meu armário.
The spiral staircase is beautiful.
A escada em espiral é linda.
There aren't any curtains on the windows.
Não há cortinas nas janelas.
I have a marble floor on the first floor and a wooden floor on the second floor.
Eu tenho um piso de mármore no primeiro andar e um piso de madeira no segundo andar.
I can only light this candle now.
Só posso acender esta vela agora.
I can clean the floors today and then I want to arrange the closet.
Hoje posso limpar o chão e depois arrumar o armário.
I need to wash the rug today with laundry detergent and then hang it to dry.
Hoje preciso lavar o tapete com detergente para a roupa e depois pendurá-lo para secar.

Silverware - Talheres
Knife - Faca
Fork - Forquilha
Spoon - Colher
Teaspoon - Colher de chá
Kitchen - Cozinha
A cup - Uma xícara
Plate - Prato
Bowl - Taça
Napkin - Guardanapo
Table - Mesa
Placemat - Individual de mesa
Table cloth - Toalha de mesa
Glass (material) - Vidro
A glass (cup) - Um copo
Oven - Forno
Stove - Fogão
Pot (cooking) - Panela
Frying pan - Sartén
Shelve - Arquivar
Cabinet - Gabinete
Pantry - Despensa
Drawer - Gaveta

The knives, spoons, teaspoons, and forks are inside the drawer in the kitchen.
As facas, colheres, colheres de chá e garfos estão dentro da gaveta da cozinha.
There aren't enough cups, plates, and silverware on the table for everyone.
Não há xícaras, pratos e talheres em cima da mesa para todos.
The napkins are underneath the bowls.
Os guardanapos estão embaixo das tigelas.
I need to set the placemats on top of the table cloth.
Eu preciso colocar os jogos americanos em cima da toalha de mesa.
There is canned food in the pantry.
Há comida enlatada na despensa.
Where are the toothpicks?
Onde estão os palitos?
Can I use wine glasses on the shelf for the champagne?
Posso usar taças de vinho na prateleira para o champanhe?
The pizza is in the oven.
A pizza está no forno.
The pots and pans are in the cabinet.
Os tachos e panelas estão no armário.
The stove is broken.
O fogão está quebrado.

Home

Bedroom - Quarto
Bed - Cama
Blanket - Manta
Bed sheet - Lençol
Mattress - Colchão
Pillow - Almofada
Mirror - Espelho
Chair - Cadeira
Dinning room - Sala de jantar
Hallway - Corredor
Towel - Toalha
A shower - Um banho **/ A bath -** Um banho
Bathtub - Banheira
Sink - Pia
Soap - Sabão
Bathroom - Banheiro
Bag - Saco/ **Box -** Caixa
Keys - Chaves

The master bedroom is at the end of the hallway, and the dining room is downstairs.
O quarto principal fica no final do corredor e a sala de jantar fica no térreo.
The mirror looks good in the bedroom.
O espelho fica bem no quarto.
I have to buy a new bed and a new mattress.
Eu tenho que comprar uma cama nova e um colchão novo.
Where are the blankets and bed sheets?
Onde estão os cobertores e lençóis?
My pillows are on the chair.
Meus travesseiros estão na cadeira.
These towels are for drying your hand.
Estas toalhas são para secar a mão.
The bathtub, shower, and the sink are new.
A banheira, o chuveiro e a pia são novos.
I need soap to wash my hands
Eu preciso de sabão para lavar minhas mãos
The guest bathroom is in the corner of the hallway.
O banheiro de hóspedes fica no canto do corredor.
How many boxes does he have?
Quantas caixas ele tem?
I want to put my items in the plastic bag.
Quero colocar meus itens na sacola plástica.
I need to bring my keys with me.
Preciso levar minhas chaves comigo.

Room - Quarto
Balcony - Varanda
Roof - Tecto
Ceiling - Tecto
Wall - Pared
Carpet - Tapete
Attic - Sótão
Basement - Porão
Trash - Lixo
Garbage can - Lata de lixo
Driveway - Entrada de automóveis
Garden / backyard - Jardim
Jar - Frasco
Doormat - Capacho

I can install new windows for my balcony.
Eu posso instalar novas janelas para minha varanda.
I must install a new roof.
Eu preciso instalar um novo telhado.
The color of my ceiling is white.
A cor do meu teto é branca.
I must paint the walls.
Eu devo pintar as paredes.
The attic is an extra room in the house.
O sótão é um quarto extra na casa.
The kids are playing either in the basement or the backyard.
As crianças estão brincando no porão ou no quintal.
All the glass jars are outside on the doormat.
Todos os frascos de vidro estão do lado de fora do capacho.
The garbage can is blocking the driveway.
A lata de lixo está bloqueando a entrada de automóveis.

Basic Grammatical Requirements of the Portuguese Language

Feminine and Masculine & Plural and Singular

In the Portuguese language, there are plural and singular words, as well as masculine and feminine words. For example, the article "the," for Portuguese words ending with an *a, e,* and *i,* will usually be deemed to be feminine, the article will usually be *a*. Nouns ending with an *o* will generally be masculine, and the article will usually be *o*. The article "the" in plural form is *os* for the masculine form, and *as* for the feminine form. "The boy" is *o (*the*) menino (*boy*)*. "The girl" is *a menina*, "the boys" is *os meninos*, and "the girls" is *as meninas*.

The conjugation of the article "a" (*um* and *uma*) is determined by masculine and feminine form: "a car" / *um carro* or "a house" / *uma casa*.

The conjugation for "this" (*esta, este, estes,* and *estas*) and "that" (*esse, essa, esses,* and *essas*). This, *este* is masculine, *este livro* ("this book"). Feminine is *esta*, for example, *esta casa* ("this house"). *Estes livros* ("these books") and *estas casas* ("these houses") are the plural forms. "That," *esse*, is masculine, *esse livro* ("that book"). Feminine is *essa*, *essa cadeira* ("that chair"). In plural, that is *esses livros* (these books) and *essas cadeiras* ("these chairs").

"Of" has singular and plural forms as well: *do* and *dos*.

Isso and *isto* are neuter pronouns, meaning they don't have a gender. They usually refer to an idea or an unknown object that isn't specifically named. For example, "that" is *isto*.
* *isto é* / "that is"
* *por isso* / "because of that"

"This" is *isto*.
* *isto esta bom* / "this is good"
* *o que é isto?* / "what is this?"

In regards to "my," singular and plural form exists as well as feminine and masculine. *Meu* is masculine, *minha* is feminine, *meus* is masculine plural, and *minhas* is feminine plural.
* "my chair" / *minha cadeira*
* "my chairs" / *minhas cadeiras*
* "my money" / *meu dinheiro*
* "my papers" / *meus papéis*

With regard to "your," *teu* (masculine) and *tua* (feminine), plural *teus* and *tuas*. Example in masculine and feminine singular:
* *teu carro* / "your car"
* *your house* / "tua casa"

The plural *teus carros* and *tuas casas*.

Temporary and Permanent

The different forms of "is" are *é* and *está*. When referring to a permanent condition, for example, "she is a girl" / *ela é uma menina*, you use *é*. For temporary positions, "the girl is doing well today" / *a menina está muito bem hoje*, you use *está*.

"You are" / "are you" could mean *estas*, and it could also mean *tu eres*. An example of temporary position is "How are you today?" / *"Como você está?"* as well as "you are here" / *está aqui*.

Another example of permanent position is "are you Mexican?" / *você é Mexicano?* in addition to "You are a man!" / *você é um homem!*

* **"I am"**—*estou* and *eu sou*. *Eu sou* refers to a permanent condition: "I am Italian" / *eu sou Italiano*. Temporary condition would be "I am at the mall" / *estou no mall*.

* **"We are"**—*somos* **(permanent) and** *estamos* **(temporary).** *Nós somos brasileiros* / "we are Brazilian" and *nós estamos no parque* / "we are at the park."

* **"Are"**—*são* **(permanent) and** *estão* **(temporary).** *Eles são Chilenos* / "they **are** Chileans" and *eles estão no carro* / "they are in the car."

Synonyms and Antonyms

There are three ways of describing time.

Vez / *vezes*—"first time" / *primeira vez* or "three times" / *três vezes*

Tempo—"during the time of the dinosaurs" / *durante o tempo dos dinossauros*

Hora—"What time is it?" / *Que hora são?*

Que has four definitions.

"What"—*O que é isso?* / "What is this?"

"Than"—*Eu estou melhor que você* / "I am better than you"

"That"—"I want to say that I am near the house" / *eu quero dizer que estou perto da casa*

"I must" / "I have to"—*Tenho que*. The verb *ter*, "to have," whether it's in conjugated or infinitive form, if it's followed by another verb, then *que* must always follow.

For example: I have to swim now, *tenho que nadar agora*.

Deixar has two definitions.

"To leave"—*Eu quero deixar isto aqui* / "I want to leave this here." *Deixar* is "to leave" something, but when saying "to leave" as in "going," it's *sair*, for example, "I want to leave now" / *quero sair agora.*

"To allow"—*Deixar* could also mean to "allow."

There are two ways of describing "so."

"So"—*então*. Using it to replace "then." "So I need to know." / *Então preciso saber.*

"So"—*tão. Isso é tão distante.* / "This is so far."

Verb Conjugation in First Person

"I" / *Eu* before a conjugated verb isn't required. For example, *Eu preciso saber a data* / "I need to know the date" can be said *Preciso saber a data*, because *preciso* already means "I need," in conjugated form. Although saying *Eu* isn't incorrect! The same can also be said with *você / tu; ele / ela; nós; eles / elas*, in which they aren't required to be placed prior to the conjugated verb, but if they are, then it isn't wrong.

Combinação e contração

In Portuguese, certain words can connect, creating one syllable. For example, the article "the," in masculine form *o*, feminine form *a*:

In(em)+the(o)=no, in the car, **no** *carro*

em+a=na, *in the house,* **na** *casa*

In(em) and this(essa), **em+essa; nessa;** *In this house,* **nessa** *casa*

In this car; **em+esse; nesse** *carro*

em+este = neste; neste *carro*

em+esta = nesta *casa*

*In(**em**) his(**ele**) = nele; in his car,* **nele** *carro*

*In(**em**) her(**ela**) = nela; in her house,* **nela** *casa*

Our house, **Nossa** *casa / Our car,* **Nosso** *carro*

His car, **de+ele** *= carro* **dele** */ her car, carro* **dela**

Their car, carro **deles** */ (fem) their car / carro* **delas**

Of and *this* can connect as well creating one syllable,

de+isso; *I need this, eu preciso* **disso**

de+esse; *from this side,* **desse** *lado*

de+esses; *these men,* **desses** *homes*

de+essas; *these women,* **dessas** *mulheres*

de+isso = disto

de+aqui = daqui

de+onde = donde

de+outro = doutro

Basic Grammatical Requirements of the Portuguese Language

Reading and Pronunciation

Ã can be pronounced as either "uh" or "un" however it must be nasalized. *Cão* pronounced as sun-o.

Ç is pronounced like "s," whenever it precedes *a, o,* or *u. Criança* is pronounced as "criansa."

D is pronounced as "dj" whenever preceding an *i* or an *e. Tarde* is pronounced as "tardje." *Dia* is pronounced as "gia."

H is silent except when followed by an *n.*

L is pronounced as "ee-oo" whenever it follows an *a* or *i. Brasil* is pronounced as "Bra-zee-oo."

M is pronounced as a soft "m" whenever it's the last letter of a word. One trick for pronunciation is saying it without closing your lips.

R is pronounced as an "h" if it's the first letter of the word. *Roberto* is "Hoberto." Whenever *r* is the last letter of a word, then it's pronounced very softly.

S is pronounced like a "z" whenever it's between vowels or when it's at the end of the word. *Português* is pronounced as "Portuguêz."

T is pronounced as "tchi" whenever preceding an *e* or an *i. Contigo* is pronounced as "contchigo."

U is pronounced like "oo."

W is pronounced like a "v." *William* is pronounced as "Villiam."

X is usually pronounced as "ch" whenever preceding a vowel. *Deixar* is pronounced as "deis har." Whenever preceding a consonant, *X* is usually pronounced as "s." *Exterior* is pronounced as "esterior." When between vowels, *X* is usually pronounced as "ks." *Fixo* is "fikso." For words that begin in *ex* or *hex*, followed by a vowel, the *x* is pronounced like a *z. Hexágono* is "hezágono." But in Portuguese, *x* is one of those letters where there are no set rules for its pronunciation!

Z is pronounced as a "ss" whenever it's at the end of a word. *Alvarez* is pronounced as "Alvaress."

Diphthongs

ai - is pronounced like the *ie* in *pie*
ão – ("a with a tilde and o") is pronounced like the *ow* in *clown*
au - is pronounced like the *ow* in *now*
ei - is pronounced like the *ay* in *pay*
eu - is pronounced as *ay-oo* like the *ay* in *hay* + the *oo* in *boot*
ho - is pronounced like a soft *o*
ia - is pronounced *ee-ah* like the *ee* in *feet* + the *a* in *father*
ie - is pronounced like the *e* in *yes*
io - is pronounced *ee-oh*
iu - is pronounced *ee-oo* like the *ee* in *meet* + the *oo* in *loot*
oi - is pronounced "closed" like the *oy* in *toy*
ou - is pronounced like the *ow* in *glow*
õ - is pronounced nasalized
ua - is pronounced like the *oo-ah* in *watch* minus the *w* sound
ue - is pronounced *oo-eh* like the *oo* in *loot* and the *ay* in *day*
ui - is pronounced like *oo-ee* the *oo* in *loot* and the *ee* in *meet*
uo - is pronounced like the *uo* in *quota*

Diagraphs

lh - is pronounced like *lli* in *alligator*
nh - is pronounced like *ni* in *minion*; or like *mañana* in Spanish
rr - pronounced like *h as in english*, *terra* will be pronounced *teh-ha*

Accents

Á – ("A with an acute accent") is pronounced like the *y* in *fly*, when at the end of the word pronounced like *a* in *another*
À – ("A with a grave accent") is pronounced like the *a* in *another*
Â – ("A with a circumflex accent") is pronounced like a long *a*
É – (E with an acute accent) is pronounced like the *a* in *many*
Ê – (E with a circumflex accent") pronounced like a long *e*
Ì – (I with an acute accent) is pronounced like the *e* in embrace
Ô – ("O with a circumflex accnet") is pronounced like a long *o*
Ó – (O with an acute accent) is pronounced like *oy*. However when it's the last letter of word then it's like *u* in *jump*
Ú – (U with an acute accent or U with circumflex accent) is pronounced like the *oo* in *loot*.

Conclusion

You have now learned a wide range of sentences in relation to a variety of topics such as the home and garden. You can discuss the roof and ceiling of a house, plus natural disasters like hurricanes and thunderstorms.

The combination of sentences can also work well when caught in a natural disaster and having to deal with emergency issues. When the electricity gets cut you can tell your family or friends, "I can only light this candle now." As you're running out of the house, remind yourself of the essentials by saying, "I need to bring my keys with me."

If you need to go to a hospital, you have now been provided with sentences and the vocabulary for talking to doctors and nurses and dealing with surgery and health issues. Most importantly, you can ask, "What is the emergency number in this country?" When you get to the hospital, tell the health services, "The hurricane caused a lot of destruction and damage in its path," and "We used the hurricane shelter for refuge."

The three hundred and fifty words that you learned in part 1 should have been a big help to you with these new themes. When learning the Spanish language, you are now more able to engage with people in Spanish, which should make your travels flow a lot easier.

Part 3 will introduce you to additional topics that will be invaluable to your journeys. You will learn vocabulary in relation to politics, the military, and the family. The three books in this series all together provide a flawless system of learning the Spanish language. When you visit Brazil you will now have the capacity for greater conversational learning.

When you proceed to Part 3 you will be able to expand your vocabulary and conversational skills even further. Your range of topics will expand to the office environment, business negotiations and even school.

Please, feel free to post a review in order to share your experience or suggest feedback as to how this method can be improved.

NOTE FROM THE AUTHOR

Thank you for your interest in my work. I encourage you to share your overall experience of this book by posting a review. Your review can make a difference! Please feel free to describe how you benefited from my method or provide creative feedback on how I can improve this program. I am constantly seeking ways to enhance the quality of this product, based on personal testimonials and suggestions from individuals like you. In order to post a review, please check with the retailer of this book.

Thanks and best of luck,

Yatir Nitzany